KB199793

나의 사랑하는
필사성경

창세기 · 출애굽기

____________님에게

손으로 쓴 성경 말씀을

주님의 이름으로

축복하며 드립니다

나의 사랑하는 필사성경 : 창세기 · 출애굽기

엮은이 | 두란노 편집부
초판 발행 | 2021. 2. 24

등록번호 | 제1988-000080호
등록된 곳 | 서울특별시 용산구 서빙고로 65길 38
발행처 | 사단법인 두란노서원
영업부 | 2078-3352 FAX | 080-749-3705
출판부 | 2078-3331

책값은 뒤표지에 있습니다.
ISBN 978-89-531-3955-8 04230 Printed in Korea
(세트) 978-89-531-3893-3 04230
독자의 의견을 기다립니다.
tpress@duranno.com www.duranno.com

두란노서원은 바울 사도가 3차 전도여행 때 에베소에서 성령 받은 제자들을 따로 세워 하나님의 말씀으로 양육하던 장소입니다. 사도행전 19장 8-20절의 정신에 따라 첫째 목회자를 돕는 사역과 평신도를 훈련시키는 사역, 둘째 세계선교(TIM)와 문서선교(단행본·잡지) 사역, 셋째 예수문화 및 경배와 찬양 사역, 그리고 가정·상담 사역 등을 감당하고 있습니다. 1980년 12월 22일에 창립된 두란노서원은 주님 오실 때까지 이 사역들을 계속할 것입니다.

나의 사랑하는 필사성경

창세기 · 출애굽기

필사하는 이 :

시작한 날 : . . .

마친 날 : . . .

두란노

• 일러두기

1. 《나의 사랑하는 필사성경》은 성도들이 가장 사랑하는 성경 본문을 한 권씩 낱권 필사하기 위해 기획되었습니다.
2. 성경 각 권의 말씀을 필사하기 전에 이해를 돕기 위해 해당 본문의 개요를 수록했습니다.
3. 성경 본문 구성은 장과 절을 표기해 두었고, 개역개정 말씀을 근거로 배치되었습니다.
4. 창세기와 출애굽기 중 좋아하는 성경 본문을 먼저 필사해도 상관없습니다.
5. 성경 한 장을 다 쓰고 나면, 소리내어 성경을 읽어 보면서 오타나 잘못 표기된 곳이 없는지 점검하고 수정하면 좋습니다. 조용히 필사한 후 소리내어 읽을 때 말씀의 이중 은혜가 있습니다. 시간을 정하고 쓰되, 너무 오랜 시간 집중하지 않도록 조절하십시오.

필사를 시작하는 기도

말씀으로 오신 주님,

오늘부터 말씀을 필사하기 원합니다.

마음과 뜻과 정성을 다해

필사할 수 있도록 은혜 주옵소서.

말씀을 읽고 또박또박 쓰면서

말씀이 머리로, 머리에서 마음으로,

마음에서 삶으로 이어지게 하옵소서.

이 한 권의 필사를 마치는 날까지

주님과 더 가까이 만나고

깊이 사귀는 은혜를 소망하며

예수님의 이름으로 기도드립니다. 아멘

활용하기

1. 《나의 사랑하는 필사성경》은 나의 사랑하는 사람들에게 선물해 보세요. 한 권 한 권 사랑하는 본문을 골라 다 쓰고 난 후 기도의 마음을 담아 "세상 하나뿐인 성경"으로 선물할 수 있습니다. 전도하고 싶은 가족, 중보기도 대상자, 작정기도 중인 분들을 위해 기도하며 말씀으로 응원하세요. 말씀은 살아 움직이는 힘이 있습니다.

2. 《나의 사랑하는 필사성경》을 작정기도 중일 때 활용해 보세요. 하루하루 작정기도를 마치고 나서 필사 시간을 정해 말씀을 쓰면서 주님의 응답을 들어 보세요. 주님은 말씀으로 우리의 기도에 응답하십니다.

3. 《나의 사랑하는 필사성경》을 인생의 중요한 일을 앞두고 써 보세요. 또는 투병 중인 환우들, 결혼을 앞둔 커플들, 독립하거나 미래를 위해 떠나는 자녀들을 위해 한 줄 한 줄 말씀을 써 보세요. 선물로 주든 내가 간직하든 필사를 통해 마음이 치유되고 소망과 기쁨이 말씀 위에 단단히 세워지는 것을 경험할 것입니다.

4. 《나의 사랑하는 필사성경》을 모아 보세요. 가족이나 소그룹 구성원들과 함께 나눠서, 만나지 못할 때 각자의 자리에서 한 권씩 시작하고 성경을 모아 가정이나 소그룹의 신앙 유산으로 간직하고 물려주세요. 누구든 말씀으로 인생의 변환점을 목도하게 될 것입니다.

○ 필사를 시작하기 전에 글씨 크기와 줄 간격을 확인해 보세요.

1

태초에 하나님이 천지를 창조하시
니라
2 땅이 혼돈하고 공허하며 흑암이 깊음
위에 있고 하나님의 영은 수면 위에
운행하시니라
3
4
5
6
7
8
9
10
11
12
13
14
15
16
17
18

율법서 개요

구약 39권은 율법서, 역사서, 시가서, 선지서로 구분하거나 율법서와 선지서로 크게 양분하기도 한다. 창세기부터 신명기에 이르는 다섯 권을 율법서라 하는데, 저자를 모세로 보기에 '모세의 율법' 혹은 '모세 오경'이라고도 한다. 율법서의 저자인 모세가 어떻게 창세의 일을 알아서 기록했을까에 대한 의문이 있지만, 모세가 비록 창조 사건을 직접 보지는 못해도 하나님의 계시와 구전으로 내려온 여러 기록들을 믿으므로써 썼다는 증거가 성경 여러 곳에서 나타난다.

이 다섯 권의 율법서는 창조, 타락, 아브라함에서 시작되는 족장들, 출애굽, 율법을 다룬다. 히브리어로 '토라'라고 하는 율법은 하나님이 인간에게 주시는 삶의 규범으로서, 이스라엘 민족이 어떻게 거룩한 백성이 될 수 있었는지를 엿볼 수 있다. 창세기는 인류의 기원을 다루면서 이스라엘 민족을 선택하신 내용이 나오고, 출애굽기는 애굽을 떠나는 내용을 통해 이스라엘 민족을 구속하심을 보여 준다. 레위기는 제사장들을 도왔던 레위인들을 통해 속죄와 성화를 다루고, 민수기는 민족을 인도하시는 과정을, 신명기는 광야 생활의 끝에서 모세의 죽음까지 다루면서 교훈을 알려 주신다.

성경의 시작인 율법서 중 창세기와 출애굽기는 핵심 본문이요 성도들에게 많은 사랑을 받는 책이다. 이 두 권을 필사하면서, 인간의 시작과 죄의 속성, 만물의 창조주요 구속자 되시는 하나님의 섭리와 구속의 현장을 느껴 보자. 죄인임을 고백하고 새 피조물이 된 우리를 향한 하나님의 사랑을 깨닫는 은혜의 시간이 될 것이다.

창세기

저자 : 모세

대상 : 광야 생활하는 이스라엘 백성

목적 : 하나님의 창조와 구원의 약속을 알리기 위함이다.

주제 : 하나님은 창조주시다.

구절 : 태초에 하나님이 천지를 창조하시니라(창 1:1).

내용 : 창세기의 히브리어 표기(베레쉬트)는 '태초에'라는 뜻이다. 개역개정의 '창세기'라는 표현처럼 창조에 관한 기록, 즉 '태초에 관한 책'이다. 땅과 하늘이 시작하는 우주의 시작이요, 아담과 하와로 비롯되는 인류의 시작이요, 죄의 시작도 볼 수 있다. 우주의 시작을 알림과 동시에 또한 죄의 시작을 기록한 책이요 죄인인 인간을 구원하는 하나님의 구속 역사를 기록한 책이다.

창세기는 모세가 이스라엘 백성들과 애굽을 탈출하고 나서 광야에서 썼다고 알려져 있다. 50장에 걸쳐 쓰여진 창세기는 창조의 역사와 족장들의 역사로 크게 구분된다. 천지 창조, 인간의 타락, 원죄, 홍수 심판, 바벨탑 그리고 믿음의 조상들의 이야기가 나온다.

구체적으로 살펴보면 1-11장은 창조의 과정과 타락, 홍수와 바벨탑의 심판을 다룬다. 12-36장은 하나님이 주신 땅에 거하는 하나님의 백성인 아브라함과 이삭, 야곱의 가족들을 보여 주고, 37-50장은 이집트로 간 하나님의 백성인 요셉을 통해 하나님의 통치에 대한 이야기를 다룬다. 하나님의 구원은 결국 한 사람을 통해 이루어짐을 창세기에서도 엿볼 수 있기에 창세기는 구속사의 시작이라고 한다.

6일간의 천지창조에서 말씀으로 임하시는 하나님, 일과 예배에 대한 기준을 배우며 에덴동산에서 사탄의 꾀임에 넘어지는 인간을 통해 하나님을 의지할 때에만 범죄하지 않을 수 있음을 배운다. 또한 아브라함, 이삭, 야곱, 요셉의 인생은 믿음과 겸손, 순종과 축복 등의 관계를 묵상할 수 있다. 장차 오실 예수 그리스도의 모형인 요셉을 통해 현재의 고난과 고통 속에 개입하시는 하나님의 섭리들을 알아가다 보면 필사의 은혜는 배가될 것이다.

1

2

3

4

5

6

7

8

9

10

11

12

13

14

15

16

17

18

19

20

21

22

23

24

25

26

27

28

29

30

31

2

2

3

4

5

6

7

8

9

10

11

12

13

14

15

16

17

18

19

20

21

22

23

24

25

3

2

3

4

5

6

7

8

9

10

11

12

13

14

15

16

17

18

19

20

21

22

23

24

4

2

3

4

5

6

7

8

9

10

11

12

13

14

15

16

17

18

19

20

21

22

23

24

25

26

5

2

3

4

5

6

7

8

9

10

11

12

13

14

15

16

17

18

19

20
21

22

23
24

25

26

27
28
29

30

31
32

6

2

3

4

5

6

7

8

9

10

11

12

13

14

15

16

17

18

19

20

21

22

7

2

3

4

5

6

7

8

9

10

11

12

13

14

15

16

17

18

19

20

21

22

23

24

8

2

3

4

5

6

7

8

9

10

11

12

13

14

15

16

17

18

19

20

21

22

9

2

3

4

5

6

7

8

9

10

11

12

13

14

15

16

17

18

19

20

21

22

23

24

25

26

27

28

29

10

2

3

4

5

6

7

8

9

10

11

12

13

14

15

16

17

18

19

20

21

22

23

24

25

26

27

28

29

30

31

32

11

2

3

4

5

6

7

8

9

10

11

12

13

14

15

16

17

18

19

20

21

22

23

24

25

26

27

28

29

30

31

32

12

2

3

4

5

6

7

8

9

10

11

12

13

14

15

16

17

18

19

20

13

2

3

4

5

6

7

8

9

10

11

12

13

14

15

16

17

18

14

2

3

4

5

6

7

8

9

10

11

12

13

14

15

16

17

18

19

20

21

22

23

24

15

2

3

4

5

6

7

8

9

10

11

12

13

14

15

16

17

18

19

20

21

16

2

3

4

5

6

7

8

9

10

11

12

13

14

15

16

17

2

3

4

5

6

7

8

9

10

11

12

13

14

15

16

17

18

19

20

21

22

23

24

25

26

27

18

2

3

4

5

6

7

8

9

10

11

12

13

14

15

16

17

18

19

20

21

22

23

24

25

26

27

28

29

30

31

32

33

19

2

3

4

5

6

7

8

9

10

11

12

13

14

15

16

17

18

19

20

21

22

23

24

25

26

27

28

29

30

31

32

33

34

35

36

37

38

20

2

3

4

5

6

7

8

9

10

11

12

13

14

15

16

17

18

21

2

3

4

5

6

7

8

9

10

11

12

13

14

15

16

17

18

19

20

21

22

23

24

25

26

27

28

29

30

31

32

33

34

22

2

3

4

5

6
7
8
9
10
11
12
13
14
15
16

17

18

19

20

21

22

23

24

23

2

3

4

5

6

7

8

9

10

11

12

13

14

15

16

17

18

19

20

24

2

3

4

5

6

7

8

9

10

11

12

13

14

15

16

17

18

19

20

21

22

23

24

25

26

27

28

29

30

31

32

33

34

35

36

37

38

39

40

41

42

43

44

45

46

47

48

49

50

51

52

53

54

55

56

57

58

59

60

61

62

63

64

65

66

67

25

2

3

4

5

6

7

8

9

10

11

12

13

14

15

16

17

18

19

20

21

22

23

24

25

26

27

28

29

30

31

32

33

34

26

2

3

4

5

6

7

8

9

10

11

12

13

14

15

16

17

18

19

20

21

22

23

24

25

26

27

28

29

30

31

32

33

34

35

27

2

3

4

5

6

7

8

9

10

11

12

13

14

15

16

17

18

19

20

21

22

23

24

25

26

27

28

29

30

31

32

33

34

35

36

37

38

39

40

41

42

43

44

45

46

28

2

3

4

5

6

7

8

9

10

11

12

13

14

15

16

17

18

19

20

21

22

29

2

3

4

5

6

7

8

9

10

11

12

13

14

15

16

17

18

19

20

21

22

23

24

25

26

27

28

29

30

31

32

33

34

35

30

2

3

4

5

6

7

8

9

10

11

12

13

14

15

16

17

18

19

20

21

22

23

24

25

26

27

28

29

30

31

32

33

34

35

36

37

38

39

40

41

42

43

31

2

3

4

5

6

7

8

9

10

11

12

13

14

15

16

17

18

19

20

21

22

23

24

25

26

27

28

29

30

31

32

33

34

35

36

37

38

39

40

41

42

43

44

45

46

47

48

49

50

51

52

53

54

55

32

2

3

4

5

6

7

8

9

10

11

12

13

14

15

16

17

18

19

20

21

22

23

24

25

26

27

28

29

30

31

32

33

2

3

4

5

6

7

8

9

10

11

12

13

14

15

16

17

18

19

20

34

2

3

4

5

6

7

8

9

10

11

12

13

14

15

16

17

18

19

20

21

22

23

24

25

26

27

28

29

30

31

35

2

3

4

5

6

7

8

9

10

11

12

13

14

15

16

17

18

19

20

21

22

23

24
25

26

27

28

29

36
2

3

4

5

6

7

8
9
10
11
12
13
14
15
16
17
18
19
20
21

22

23

24

25

26

27

28

29

30

31

32

33

34

35

36

37

38

39

40

41

42
43

37

2

3

4

5

6

7

8

9

10

11

12

13

14

15

16

17

18

19

20

21

22

23

24

25

26

27

28

29

30

31

32

33

34

35

36

38

2

3

4

5

6

7

8

9

10

11

12

13

14

15

16

17

18

19

20

21

22

23

24

25

26

27

28

29

30

39

2

3

4

5

6

7

8

9

10

11

12

13

14

15

16

17

18

19

20

21

22

23

40

2

3

4

5

6

7

8

9

10

11

12

13

14

15

16

17

18

19

20

21

22

23

41

2

3

4

5

6

7

8

9

10

11

12

13

14

15

16

17

18

19

20

21

22

23

24

25

26

27

28

29

30

31

32

33

34

35

36

37

38

39

40

41

42

43

44

45

46

47

48

49

50

51

52

53

54

55

56

57

42

2

3

4

5

6

7

8

9

10

11

12

13

14

15

16

17
18
19
20
21
22
23
24
25
26
27
28
29

30

31

32

33

34

35

36

37

38

43

2

3

4

5

6

7

8

9

10

11

12

13

14

15

16

17

18

19

20

21

22

23

24

25

26

27

28

29

30

31

32

33

34

44

2

3

4

5

6

7

8

9

10

11

12

13

14

15

16

17

18

19

20

21

22

23

24

25

26

27

28

29

30

31

32

33

34

45

2

3

4

5

6

7

8

9

10

11

12

13

14

15

16

17

18

19

20

21

22

23

24

25

26

27

28

46

2

3

4

5

6

7

8

9

10

11

12

13

14

15

16

17

18

19

20

21

22

23

24

25

26

27

28

29

30

31

32

33

34

47

2

3

4

5

6

7

8

9

10

11

12

13

14

15

16

17

18

19

20

21

22

23

24

25

26

27

28

29

30

31

48

2

3

4

5

6

7

8

9

10

11

12

13

14

15

16

17

18

19

20

21

22

49

2

3

4

5

6

7

8

9

10

11

12

13

14

15

16

17

18

19

20

21

22

23

24

25

26

27

28

29

30

25

26

출애굽기

저자 : 모세

대상 : 광야 생활하는 이스라엘 백성

목적 : 하나님이 자기 백성을 왜 구속하셨는지를 알려 주시기 위함이다.

주제 : 하나님은 구원자이시다.

구절 : 이제 내가 너를 바로에게 보내어 너에게 내 백성 이스라엘 자손을 애굽에서 인도하여 내게 하리라(출 3:10).

내용 : 모세에 의해 기록된 출애굽기는 약 400년 간 종살이하던 이스라엘 백성들의 탈출 과정을 기록한 책이다. 모세가 이 책을 쓴 시기는 아마 광야에 도착하고 나서나 그 기간 내내 쓴 것으로 보는 것이 전통적이다.

40장에 걸쳐 기록된 출애굽기는 두 가지 사건으로 구분된다. 이스라엘 백성들이 애굽의 통치에서 구출되는 것과 '모세 언약'을 통해 하나님이 모세에게 새로운 국가를 세우신 일이다. 구체적으로는 크게 세 부분으로 나뉜다. 이집트에서 노예가 된 이스라엘 백성들의 출애굽과 시내산으로 가는 여정(1-18장), 애굽에서 해방되어 새로운 언약인 십계명 아래의 삶(19-24장), 성막 규례와 건축(25-40장)으로 이루어져 있다. 노예의 신분에서 거룩한 언약의 백성으로, 이방에 복의 통로가 되는 구속과 구별됨의 대주제를 통해 백성들의 마땅한 삶을 알려준다.

삶의 터전을 버리고 살기 위해 광야로 떠나는 출애굽기는 우리의 삶에 구체적으로 개입하시는 하나님의 통치를 실감케 한다. 하나님이 얼마나 자기 백성들을 사랑하시고 치밀하게 보호하시는지, 갈대상자에 담겨 목숨조차 불안했던 모세가 어떻게 80세에 하나님의 언약을 받은 지도자가 되어 백성들을 인도했는지를 필사하면서 묵상해보자. 우리에게도 동일하게 개입하셔서 구속의 자녀로 삼으시는 하나님의 사랑을 충분히 발견하고 예배자의 삶에 대해 돌아보는 계기가 되기를 소망한다.

1

2

3

4

5

6

7

8

9

10

11

12

13

14

15

16

17

18

19

20

21

22

2

2

3

4

5

6

7

8

9

10

11

12

13

14

15

16

17

18

19

20

21

22

23

24

25

3

2

3

4

5

6

7

8

9

10

11

12

13

14

15

16

17

18

19

20

21

22

4

2

3

4

5

6

7

8

9

10

11

12

13

14

15

16

17

18

19

20

21

22

23

24

25

26

27

28

29

30

31

5

2

3

4

5

6

7

8

9

10

11

12

13

14

15

16

17

18

19

20

21

22

23

6

2

3

4

5

6

7

8

9

10

11

12

13

14

15

16

17

18

19

20

21

22

23

24

25

26

27

28

29

30

7

2

3

4

5

6

7

8

9

10

11

12

13

14

15

16

17

18

19

20

21

22

23

24

25

8

2

3

4

5

6

7

8

9

10

11

12

13

14

15

16

17

18

19

20

21

22

23

24

25

26

27

28

29

30

31

32

9

2

3

4

5

6

7

8

9

10

11

12

13

14

15

16

17

18

19

20

21

22

23

24

25

26

27

28

29

30

31

32

33

34

35

10

2

3

4

5

6

7

8

9

10

11

12

13

14

15

16

17

18

19

20

21

22

23

24

25

26

27

28

29

11

2

3

4

5

6

7

8

9

10

12

2

3

4

5

6

7

8

9

10

11

12

13

14

15

16

17

18

19

20

21

22

23

24

25

26

27

28

29

30

31

32

33

34

35

36

37

38

39

40

41

42

43

44

45

46

47

48

49

50

51

13

2

3

4

5

6

7

8

9

10

11

12

13

14

15

16

17

18

19

20

21

22

14

2

3

4

5

6

7

8

9

10

11

12

13

14

15

16

17

18

19

20

21

22

23

24

25

26

27

28

29

30

31

15

2

3

4

5

6

7

8

9

10

11

12

13

14

15

16

17

18

19

20

21

22

23

24

25

26

27

16

2

3

4

5

6

7

8

9

10

11

12

13

14

15

16

17

18

19

20

21

22

23

24

25

26

27

28

29

30

31

32

33

34

35

36

17

2

3

4

5

6

7

8

9

10

11

12

13

14

15

16

18

2

3

4

5

6

7

8

9

10

11

12

13

14

15

16

17

18

19

20

21

22

23

24

25

26

27

19

2

3

4

5

6

7

8

9

10

11

12

13

14

15

16

17

18

19

20

21

22

23

24

25

20

2

3

4

5

6

7

8

9

10

11

12

13

14

15

16

17

18

19

20

21

22

23

24

25

26

21

2

3

4

5

6

7

8

9

10

11

12

13

14

15

16

17

18

19

20

21

22

23

24

25

26

27

28

29

30

31

32

33

34

35

36

22

2

3

4

5

6

7

8

9

10

11

12

13

14

15

16

17

18

19

20

21

22

23

24

25

26

27

28

29

30

31

23

2

3

4

5

6

7

8

9

10

11

12

13

14

15

16

17

18

19

20

21

22

23

24

25

26

27

28

29

30

31

32

33

24

2

3

4

5

6

7

8

9

10

11

12

13

14

15

16

17

18

25

2

3

4

5

6

7

8

9

10

11

12

13

14

15

16

17

18

19

20

21

22

23

24

25

26

27

28

29

30

31

32

33

34

35

36

37

38

39

40

26

2

3

4

5

6

7

8

9

10

11

12

13

14

15

16

17

18

19

20

21

22

23

24

25

26

27

28

29

30

31

32

33

34

35

36

37

27

2

3

4

5

6

7

8

9

10

11

12

13

14

15

16

17

18

19

20

21

28

2

3

4

5

6

7

8

9

10

11

12

13

14

15

16

17

18

19

20

21

22

23

24

25

26

27

28

29

30

31

32

33

34

35

36

37

38

39

40

41

42

43

29

2

3

4

5

6

7

8

9

10

11

12

13

14

15

16

17

18

19

20

21

22

23

24

25

26

27

28

29

30

31

32

33

34

35

36

37

38

39

40

41

42

43

44

45

46

30

2

3

4

5

6

7

8

9

10

11

12

13

14

15

16

17

18

19

20

21

22

23

24

25

26

27

28

29

30

31

32

33

34

35

36

37

38

31

2

3

4

5

6

7

8

9

10

11

12

13

14

15

16

17

18

32

2

3

4

5

6

7

8

9

10

11

12

13

14

15

16

17

18

19

20

21

22

23

24

25

26

27

28

29

30

31

32

33

34

35

33

2

3

4

5

6

7

8

9

10

11

12

13

14

15

16

17

18

19

20

21

22

23

34

2

3

4

5

6

7

8

9

10

11

12

13

14

15

16

17

18

19

20

21

22

23

24

25

26

27

28

29

30

31

32

33

34

35

35

2

3

4

5

6

7

8

9

10

11

12

13

14

15

16

17

18

19

20

21

22

23

24

25

26

27

28

29

30

31

32

33

34

35

36

2

3

4

5

6

7

8

9

10

11

12

13

14

15

16

17

18

19

20

21

22

23

24

25

26

27

28

29

30

31

32

33

34

35

36

37

38

37

2

3

4

5

6

7

8

9

10

11

12

13

14

15

16

17

18

19

20

21

22

23

24

25

26

27

28

29

38

2

3

4

5

6

7

8

9

10

11

12

13

14

15

16

17

18

19

20

21

22

23

24

25

26

27

28

29

30

31

39

2

3

4

5

6

7

8

9

10

11

12

13

14

15

16

17

18

19

20

21

22

23

24

25

26

27

28

29

30

31

32

33

34

35

36

37

38

39

40

41

42

43

40

2

3

4

5

6

7

8

9

10

11

12

13

14

15

16

17

18

19

20

21

22

23

24

25

26

27

28

29

30

31

32

33

34

35

36

37

38

나의 사랑하는 필사 말씀 모음

필사를 하는 동안 마음에 와닿은 말씀들을 따로 모아 적어 둡니다.
해당 본문에서 말씀으로 주님이 어떻게 다가오셨는지 한눈에 확인할 수 있습니다.
적어 두면 날아가지 않습니다.

나의 사랑하는 필사 일기

필사하는 동안 드렸던 기도제목과 기억에 남는 에피소드를 적어 두세요.
다음 기회에 또 자연스럽게 필사를 시작할 수 있습니다.
신앙 유산으로 남기거나 선물할 경우 귀한 도전과 감동이 됩니다.

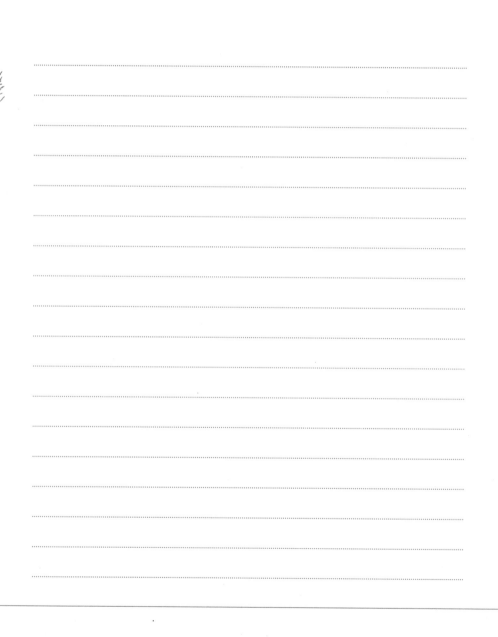

필사를 마치며 드리는 기도

한 권의 필사를 마치면서 주님께 감사기도를 드려 보세요.
어떤 말씀과 어떤 기도의 응답을 받았는지, 주님과 말씀으로
독대하면서 어떤 은혜들을 받았는지 솔직하게 고백해 보세요.